CON FRIDA
EN EL ALTIPLANO

DIFUSIÓN

Centro de Investigación y Publicaciones de Idiomas, S. L.
C/ Trafalgar 10, entlo. 1ª   08010 Barcelona
E-mail: editorial@difusion.com
www.difusion.com

Colección **"Venga a leer"**
Serie "América Latina"

Diseño de la colección y cubierta: Àngel Viola
Ilustraciones interiores: Paloma Soler-Espiauba

© Dolores Soler-Espiauba
 Difusión, S.L.
© Ilustraciones: Paloma Soler-Espiauba
 Difusión, S.L.
 Barcelona, 2002

ISBN: 84-8443-097-9
Depósito Legal: M-38.258-2002
Impreso en España-Printed in Spain
RARO, S. L.

1

Mikil mide exactamente 1,98 m, por eso no necesita subirse a un banco para contemplar el espectáculo. Estamos en junio y los días son largos en el norte de Holanda, muy largos. Son las 21.15 y todavía hay luz. La plaza de la Universidad está llena de gente joven que quiere divertirse un sábado por la noche. En el centro de la plaza, una pequeña orquesta de músicos de Latinoamérica, tres muchachos y una muchacha, anima el ambiente con su música.

Mikil, desde sus casi dos metros de altura, los mira, *llevando el compás*[1] con los pies y con la cabeza se pregunta: ¿Son ecuatorianos o peruanos? ¿Tal vez bolivianos?

Mikil estudia tercer año de Medicina en Groningen, una pequeña ciudad universitaria de los Países Bajos, pero también está aprendiendo español, porque le interesa mucho América Latina, su cultura y su situación social. Va a clases nocturnas organizadas por la Universidad y tiene un profesor colombiano que le *cae muy bien*[2]. Conoce España porque ha estudiado seis meses en Salamanca con el *Programa Erasmus*[3] y habla bastante bien español. Hablar varios idiomas es tan normal en Holanda como ser altísimo, y es que a los holandeses les gusta mucho viajar.

Mikil quiere ir a América Latina este verano, pero todavía no está muy seguro. Quiere colaborar con una *ONG*[4] ayudando como enfermero en comunidades indígenas o en suburbios de las grandes ciudades. Tiene que hablar con algunos responsables la semana que viene antes de decidirse.

La música de los Andes llena la plaza: dos guitarras, una flauta de las que allí se llaman *quenas*[5] y un pequeño tambor. La muchacha toca el tambor y Mikil la mira atentamente: es delgada y menuda, muy morena, y lleva el pelo peinado con dos trenzas. Va vestida con una blusa blanca y un *manta*[6] encima. Lleva también una falda de colores, con varias capas, que se llama en su país pollera. Pero no lleva sombrero, como muchas *cholitas*[7] de los Andes.

Es bonita esta música –piensa Mikil–. Es música de montañas, de *altiplano*[8], de paisajes inmensos, muy diferentes de los de mi país, que es llano y tan pequeño, rodeado de mar por todas partes.

El espectáculo ha terminado. Algunos espectadores dejan dinero dentro de un sombrero que está en el suelo, los músicos recogen sus instrumentos y sus cosas. Mikil se acerca a ellos.

- Perdón, ¿de qué país *sois*[9]?
- Bolivia –responde la muchacha–. Somos de Potosí.
- Potosí... –repite Mikil–. Qué nombre tan bonito.

Los músicos se ríen y uno de ellos dice:
- Más linda es la plata de sus minas.

- ¡Ah!, sí. Ahora recuerdo: las minas del Potosí... Mi profesor de Salamanca decía que en España, cuando alguien tiene muchas cualidades, se le dice *Vales un Potosí*[10].

Los muchachos se ríen otra vez:
- Los españoles saben mucho de eso...

- ¿Nos tomamos una cerveza? –propone Mikil.

Los bolivianos aceptan encantados porque hace calor y

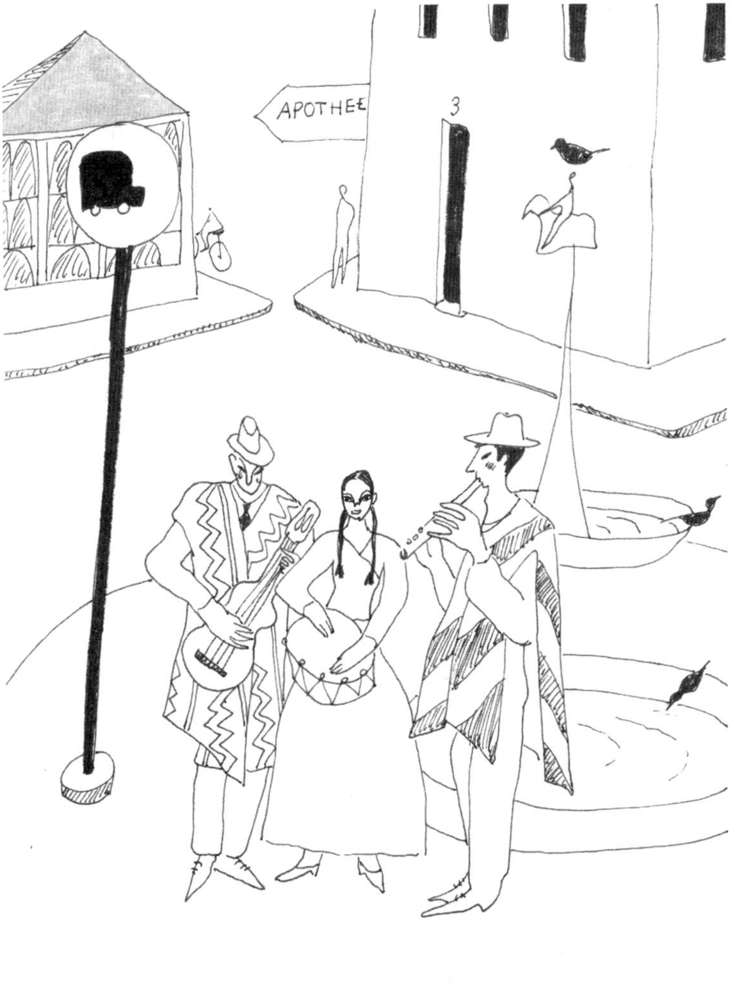
APOTHEE
3

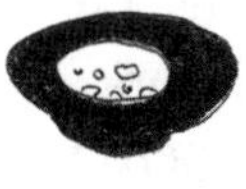

tienen mucha sed. El estudiante holandés se presenta:
- Me llamo Mikil, Mikil Van Heyderweide.
- Huy, qué difícil. Yo soy Hugo, ésta es mi hermana Tecla, aquí mi hermano Sergio. Y ése es mi primo Eduardo.
- Mucho gusto –dicen todos.

Tecla toma el pequeño sombrero negro y redondo que está en el suelo y se lo pone en la cabeza.
- Ahora, con ese sombrerito tan divertido, eres la boliviana típica.
- Es nuestro *bombín*[11], lo llevamos todas las aimaras.
- ¿Nunca te lo quitas?
- Sí, para dormir –y todos se ríen otra vez.

La cerveza holandesa es muy buena y todos piden otro vaso. Son vasos enormes. Los ojos de Tecla brillan en la noche. Mikil piensa que tiene unos bellísimos ojos negros.
- ¿Cuánto tiempo vais a estar en Groningen?
- Depende... Mañana vendemos artesanía en la plaza del Mercado por la mañana y por la noche a lo mejor volvemos aquí.
- ¿Y cuándo volvéis a Bolivia?
- No sé... Tenemos que ganar plata para pagar la Universidad. Con el dinero que ganamos aquí nos pagamos los estudios.
- ¿Y tú qué estudias, Tecla?
- Quiero ser maestra. En mi país hay muchos niños que no van a la escuela porque faltan maestros y escuelas. Ya estoy en segundo año. ¿Y *usted*[12], Mikil?
- Estudio Medicina, pero es tan largo... Quiero ir a Latinoamérica con una ONG para poder hacer algo útil antes de terminar los estudios, pero tampoco es fácil.

- Mejor busque directamente allá –dice Hugo–, desde aquí es más complicado.
- Seguro que encuentra algo al *toque*[13].

El primo Eduardo interrumpe:
- Es tarde y mañana hay que madrugar, vámonos ya.

Tiene una mirada dura y no ha dicho una palabra en todo el tiempo. Mikil lo mira extrañado.
- ¿Ya os vais a dormir? ¿Tan temprano?
- Estamos cansados, pero venga al mercado mañana –propone Tecla– vendemos artesanía linda: *chompas y ponchos*[14] para el invierno de acá, que debe de ser duro.
- Más que duro. ¡Y largo! Bueno, mañana nos vemos en el mercado.

La mano de Tecla es pequeña y fuerte, y aprieta la de Mikil. La mira alejarse y ve que en el tobillo derecho, muy cerca del pie, lleva un tatuaje; aunque de tan lejos es difícil, le parece que es un animal parecido a un gato o a un tigre. El grupo desaparece en la noche.

2

Mikil se levanta temprano, se ducha, se afeita, se pone un poco de gomina en el pelo, para estar atractivo, escoge su mejor camiseta y sus eternos vaqueros, desayuna café, un plato de cereales con leche, un poco de queso fresco, pan con mantequilla y una manzana... Y se monta en su bicicleta. Las bicicletas holandesas son muy particulares, altas y negras, muy resistentes. Forman parte del paisaje de las ciudades y en todas las carreteras hay vías para las bicicletas. Todos los holandeses circulan en bicicleta, jóvenes y viejos, mujeres y hombres, gente rica y gente modesta.

Incluso las mamás y los papás llevan a sus niños en un asiento especial. En todas partes hay aparcamientos especiales para las bicicletas: en las plazas públicas, al borde de los canales, a la entrada de los edificios. Mikil adora su bici; es su amiga, su compañera, su confidente, casi su novia. La vida sin ella le parece imposible. La quiere tanto que le ha puesto un nombre de mujer: Frida.

Después de veinte minutos de camino, llega al Mercado del Pescado, que está lleno de gente. La plaza se llama así desde hace siglos, aunque ya nadie vende pescado en ella. Brilla el sol y hace una temperatura muy agradable. Hay vendedores de ropa, de helados, de fruta, de flores, de zapatos, de collares, de cuchillos, de vajilla y de utensilios de cocina..., de mil cosas diferentes. Aparca la bici y empieza a buscar a sus amigos los músicos. Busca y busca, da vueltas y más vueltas... Nada. No hay rastro de ellos. De pronto, oye una música lejana, algo como una quena o un arpa india. ¡Son ellos! ¡Allí debe de estar Tecla! Se abre paso entre la gente y descubre que la música viene de un vendedor de casetes al fondo de la plaza. *El Cóndor pasa*[15] suena en el aire del domingo de Groningen y Mikil está cada vez más triste. Le pregunta al vendedor:

- ¿No ha visto usted a un grupo de músicos latinoamericanos? A veces venden artesanía aquí...

- ¿Tres muchachos muy morenos y una muchacha con trenzas? Estaban aquí esta mañana. Allí, junto a la iglesia, pero la policía los echó.

- ¿Cómo que los echó?

- No tenían los papeles en regla.... Ya sabe lo que pasa; la policía se los ha llevado.

- Eso, eso –la mujer del vendedor interviene–. Vienen a

quitarnos el trabajo. Donde mejor están es en su tierra.

Mikil está tan desesperado, que no puede responder a gente tan estúpida. Va a buscar a Frida, su amiga del alma y se queda a su lado, sin saber qué hacer. Imagina a Tecla en la cárcel, o conducida por la fuerza al aeropuerto... El cielo está ahora nublado y va a llover. Se siente perdido, ¿qué puede hacer? Como siempre, su ayuda va a ser Frida. Monta sobre ella y sin saber cómo, se encuentra ante la biblioteca de la Universidad, que está abierta los domingos.
- Pero bueno ¿qué hacemos aquí, Frida?

Como siempre, Frida no contesta. Mikil la aparca junto a otras treinta o cuarenta bicicletas y sube automáticamente las escaleras que llevan a la gran sala central. Veinte minutos después está consultando un enorme diccionario:

"Bolivia es la más alta y aislada de las repúblicas de América Latina. Su nombre viene del de Simón Bolívar, libertador venezolano, que en 1825 envió al general Sucre a estas tierras, que llamó al liberarlas República Bolívar. En 1833 consiguió la independencia de la corona española. Actualmente, es un estado republicano democrático y se celebran elecciones cada cuatro años. Su población es de 6,4 millones de habitantes, más del 50% indígenas (quechuas o aimaras), el 30% de la población es mestiza y un 1% es de raza negra, descendientes de esclavos africanos. Hay también una pequeña minoría de inmigrantes japoneses.

La geografía boliviana ofrece todos los paisajes imaginables en sus 1 098 581 km^2: altiplano, cerros y valles, llanos, sabana y selva amazónica, desiertos y lagos. El clima *varía mucho de una región a otra. El período de lluvias es en verano, de noviembre a marzo, y la estación seca es en invierno.*

La imagen de Bolivia más conocida en el exterior es la del altiplano, una vasta extensión de terreno a una media de 4000 metros de altitud en la que sobresale el lago Titicaca y el altiplano. La mayor densidad de población se encuentra entre la ciudad de La Paz y El Alto. Otra de las imágenes características de Bolivia es el cóndor, el animal más representativo del país; además de la llama, la alpaca y la vicuña, animales típicos de los Andes.

La economía boliviana se basa esencialmente en la explotación de las minas, del petróleo y del gas, pero la mayor parte de la población vive de la agricultura. En los valles de las tierras bajas se cultiva el maíz, el trigo, las aceitunas, las uvas y las nueces. En el departamento de Santa Cruz, la agricultura produce y exporta soja, arroz, algodón, girasol y tabaco. Bolivia es también productora de hoja de coca. Pero la economía boliviana depende de la demanda internacional y por eso es uno de los países más pobres de América Latina".

Son las cuatro de la tarde. Mikil cierra el diccionario. La biblioteca va a cerrar también. A su alrededor hay una montaña de libros sobre Bolivia (historia, arte, geografía, economía, civilizaciones antiguas...). No ha comido ni bebido nada desde el desayuno. Pero de algo está totalmente seguro: este verano visitará Bolivia. Antes de llegar a su casa, Frida se detiene ante un cibercafé y Mikil comprende, sin necesidad de preguntar. Se instala delante de una computadora y teclea: www.bolivia.com. Aquí va a conseguir mucha información interesante para su viaje. Deja para mañana otra dirección que le conectará con la prensa boliviana y con la actualidad del país porque son las cinco de la tarde y necesita urgentemente comer. Mañana será otro día.

3

Mikil está en su cuarto de estudiante, cerca de la Universidad. Encima de la cama, su mochila de los grandes viajes, con muchos bolsillos y compartimentos diferentes para meter la documentación, los planos y los mapas, la linterna, una cantimplora, una navaja multiuso, una caja de fósforos y, claro está, la ropa.

La ropa... qué problema. La empleada de la agencia de viajes le ha dicho que Bolivia es un país frío y montañoso. Además, cuando es verano en Europa, es invierno en América del Sur, y viceversa. Tiene que pensar en ropa multiuso, como la navaja: La Paz, la capital, tiene una altitud de 3600 m, por tanto hace frío; pero también hay zonas cálidas, como los valles, con un clima más templado, o la zona amazónica, con un clima húmedo y tropical... ¿Qué llevar? Empieza a sacar ropa del armario, pero todo no va a caber. La mochila no es elástica: los vaqueros, indispensables; también unos pantalones cortos para los días de calor... Bueno, dos cortos. Camisetas... por lo menos ocho y de colores diferentes: blanca, negra, amarilla, roja, verde, azul, naranja y gris. Seis calzoncillos, tres pares de calcetines de algodón y tres pares de lana para los días fríos; dos pijamas, uno grueso de invierno y otro más liviano y, naturalmente, dos jerseys (o chompas, como dice Tecla).

("Ay, Tecla ¿Dónde estás Tecla?"). Decide no ponerse triste. La mochila está ya a tope, pero le falta todavía un *chubasquero*[16]. Empuja, empuja... y el chubasquero entra. Y entonces piensa que le falta el plumífero, su anorak de plumas tan calentito. Imposible meterlo dentro. Lo deja fuera, junto al saco de dormir, esperando una solución de última hora.

El pasaporte, los cheques de viaje... Un poco de dinero, dólares por supuesto, en América circulan mejor que los euros. Ah, y también algunas medicinas indispensables: contra el dolor de cabeza, contra el *soroche*[17], contra la gastroenteritis, para desinfectar las heridas, para el dolor de pies (de caminar mucho), y también jabón, pasta de dientes, crema de afeitar, champú y un peine. ¡Ah!, un par de libros sobre Bolivia caben en un bolsillo exterior, un cuaderno nuevo para tomar notas, su cámara fotográfica japonesa y muchos, muchos rollos de película para hacer fotos. También su aparato de música y una docena de sus cintas preferidas. Ah, y su maravilloso *móvil*[18] nuevo, regalo de cumpleaños de su abuela. Así su familia podrá tener noticias suyas durante el viaje.

"Ay, Dios mío, los zapatos. Por lo menos, dos pares: unas zapatillas deportivas, y otras más resistentes e impermeables para la montaña y la marcha. Menos mal que le queda un bolsillo exterior donde puede guardar el par más pesado. Siempre se olvida de algo, pero nunca de su bicicleta. Frida lo está esperando pacientemente en la calle, muy contenta de poder volar tan lejos. No es fácil viajar en avión con una bicicleta en el equipaje, pero Mikil tiene una amiga azafata (Mikil sabe que en Latinoamérica no podrá emplear esta palabra, porque las chicas que trabajan en los aviones se llaman aeromozas) que trabaja en KLM, en el aeropuerto de Amsterdam y le ha prometido ayudarle. Abre la ventana y mira su pequeña calle llena de casitas con tejados en punta junto al canal, la gente que circula en bicicleta, el cielo gris, los niños, el pub donde bebe cerveza con sus amigos... Mañana estará muy lejos, mañana estará en otro mundo, en el mundo de Tecla.

Y en ese momento suena el teléfono.
- Mikil Van Heyderweide...
- Mikil, soy yo...
- ¿Quién habla?
- ¿No me reconoces? Soy Hilde.
- ¡Ah, Hilde! –y Mikil se sienta en la cama– ¿Qué tal?
- Pues... un poco triste, hace mucho que no nos vemos.
- Es verdad. Los exámenes, ¿sabes?
- Ya. Oye, Mikil, te llamo para preguntarte qué haces este verano, porque tengo un proyecto, ¿sabes? Mi madre me presta su coche. ¿Por qué no te vienes conmigo a Italia dos semanas? Tengo una amiga en Siena que me deja su apartamento; está vacío en agosto.
- Yo... Bueno... Es que... En este momento estoy preparando el equipaje para marcharme a Bolivia.
- ¿A Bolivia? ¿Y por qué a Bolivia?
- Pues no sé... Bueno, ya sabes que estoy estudiando español y que me interesa mucho el...
- ¿Y te vas solo?
- Sí, claro. Bueno, solo no, con Frida.
- Ajá, con Frida. Bueno, pues que te diviertas, Mikil. Buen viaje y felices vacaciones.
- Oye, Hilde...
Ha colgado. Mikil se da cuenta de que Hilde no sabe

que Frida es una bicicleta, pero le da igual. Hilde es demasiado celosa y para Mikil es muy importante ser libre.

4

En el aeropuerto de Schiphol, Marijke, su amiga azafata, le sonríe:
- Adiós, Mikil, a ver cuándo salimos un día juntos...
- Te lo prometo, Marijke.... A mi regreso de Bolivia.

Marijke es rubia, alta, delgada, tiene los ojos verdes y lleva el pelo muy corto. Es muy bonita, pero Mikil prefiere en este momento a las muchachas morenas, bajitas, con el pelo oscuro y largo y unos inmensos ojos negros.
- Adiós, Marijke.
- Buen viaje, Mikil.

En el avión, antes de dormirse profundamente, ha leído casi todo un libro sobre las civilizaciones inca (los quechuas) y aimara. Ahora ya sabe que los incas fueron, según la leyenda, enviados del Dios Sol. Del lago Titicaca emergieron los hijos del Rey Sol, Manco Kapac y Mama Ocllo, su esposa-hermana, que fundaron más tarde la ciudad de Cuzco en Perú. Le sorprende leer que los príncipes incas sólo se casaban entre hermanos. Mikil tiene la cabeza llena de nombres de dioses, como Viracocha y Mamacocha, los dioses del mar; Pachamama, la diosa madre; Ahuicha, la diosa que duerme en las aguas del Titicaca... ¡Qué lago tan interesante! Se promete visitar enseguida este lago, el más alto del mundo, entre Perú y Bolivia. Ah, pero lo primero, lo primero... ¡Encontrar a Tecla! Y se queda completamente dormido.

5

En el aeropuerto de La Paz recupera a Frida, que está un poco desorientada entre tanta maleta y tantos paquetes. Mikil espera su mochila que va a llegar por la cinta automática. Una vez en la calle, nota que la gente lo mira mucho, lo miran hacia arriba como se mira a un árbol en un bosque y Mikil se da cuenta de que es el más alto de todos, con mucha diferencia. Medir casi dos metros no debe ser muy frecuente en Bolivia. Suena su móvil ("Bueno, a partir de ahora se llama celular", piensa.) y lee el primer mensaje: *Las vacaciones sin ti no son vacaciones. Estoy triste: llámame o escríbeme. Un beso. Hilde.*

Ya dentro del taxi, el celular suena otra vez: *¿Qué tal el viaje? ¿Cuándo organizamos uno juntos? Marijke.*

- Huy, huy, huy... Qué idea genial la de mi abuela de regalarme un celular. Creo que lo voy a tirar al lago Titicaca.

Justo cuando entra por la puerta giratoria del hotel, una muchacha muy elegante sale en dirección a la calle. Es menuda, delgada, morena, de rasgos indígenas, lleva el pelo largo y recogido en una cola de caballo y va vestida con un traje de chaqueta gris y unos zapatos de tacón muy alto. Se parece muchísimo a Tecla, pero no es Tecla. La muchacha elegante entra en un taxi que está en la puerta y desaparece.

¿Será Tecla? –se pregunta Mikil–. No, no es Tecla. Esto tiene que ser el soroche, es seguramente la altitud. Y entra en el vestíbulo. Las dos muchachas de la recepción lo miran sonrientes y hacia arriba, igual que se mira a un árbol en el bosque.

- Buenos días, tengo reservada una habitación. Me llamo Van Heyderweide.
- ¿Cómo? ¿Puede repetir?
- Mikil Van Heyderweide.
- Huy, huy, huy... Mejor deletree, por favor. Primero, el nombre.
- Eme, i, ka, i, ele.
- Y ahora el apellido.
- Uve, a, ene, hache, e, y griega, de, erre, uve doble, e, i, de, e.
- Qué difícil, Dios mío. Sí, la habitación está reservada. ¿Su pasaporte, por favor?
- Aquí está.
- Nacionalidad... holandesa. Fecha de nacimiento aquí. ¿Su domicilio habitual?
- Aquí está escrito: Kanaalstraat, 21. Groningen.
- Ah, sí. ¿Cuántas noches piensa quedarse?
- Solamente dos, pasado mañana salgo para Potosí.
- ¡Qué pena! –dice una de las recepcionistas.
- Aquí tiene su llave, habitación 131. El almuerzo, de 7 a 10 en el comedor, pero también puede pedirlo en su habitación. Si necesita alguna cosa, llame, por favor.
- Muchas gracias. ¿Dónde puedo dejar mi bicicleta?
- Anselmo la guardará en lugar seguro y después le llevará el equipaje a su habitación. ¡Anselmo!
- No, no, por favor... Puedo hacerlo yo solo.

Un muchacho joven le lleva la mochila, pero Mikil no está acostumbrado a tanta atención y se siente incómodo.

- ¿Has visto qué *churro*[19]–dice una.
- ¡Sí! y es muy alto –dice la otra.

Anselmo abre la puerta de la habitación, enciende las

luces, abre las cortinas.

- Aquí está el cuarto de baño, señor, y aquí tiene el minibar y el televisor. Si necesita una caja fuerte, puede pedir la llave en recepción.

- Oh, no. Muchas gracias, Anselmo, está bien así –y le da la propina.

- Gracias, señor.

Mikil se ducha, se cambia de ropa, pone su reloj a la hora de América, seis horas más temprano que en Europa, saca un refresco del minibar y se lo bebe. Toma el plano de La Paz, su aparato de música con un par de cintas y un poco de dinero, y baja a buscar a Frida. Cuando está en el ascensor suena otro mensaje.

- ¡No, por favor! –mientras lee:

Diviértete, haz cosas interesantes, pero... ¡mucho cuidado con las mujeres! Muchos besos de tu abuela.

- Solo faltaba esto, la abuela también –y desconecta el celular.

Al salir del hotel, se cruza con una linda muchacha morena, de pelo largo y vaqueros, idéntica a Tecla. Pero no, no es Tecla.

- Es el soroche, seguro que es el soroche –repite Mikil.

Y se monta en su alta bicicleta negra, con el plano en una mano, mientras escucha la música de Ketama, uno de sus grupos españoles preferidos, se dirige al centro de la ciudad. El *Illimani*[20] aparece, impresionante, con sus 6457 m de altitud. Mikil nunca ha visto nada igual.

- ¡Qué montaña, Frida! ¿Adónde vamos?

Frida no contesta pero lo lleva a la Iglesia de San Francisco, fundada por los españoles, en 1549 y destruida después por una tempestad de nieve. La iglesia actual es del siglo XIX y conserva restos de arte mestizo, con decoración de la naturaleza boliviana: piñas, chirimoyas, pájaros. Mikil saca su guía de Bolivia: "el *barroco mestizo*[21] decora sus monumentos con flores y animales locales: cactus, maíz, monos, papagayos, pumas...". Sabe que un puma es un felino parecido al tigre pero nunca ha visto ninguno, aunque en esa misma página hay una fotografía de uno.

- ¿Dónde he visto yo un animal como éste?... ¡Claro, ahora caigo! El tatuaje de Tecla. ¡Es un puma!

Visita la iglesia y, después pedalea por el Prado, avenida central de la ciudad. Hay rascacielos muy modernos y monumentos muy interesantes. Le gusta La Paz, le parece moderna y señorial al mismo tiempo. Pero Frida, que tiene un espíritu de contradicción muy marcado, empieza a subir, a subir por las laderas que suben al altiplano, dejando la ciudad de La Paz abajo, en el fondo.

- ¿Adónde me llevas, Frida?

Mikil está muy cansado. No está acostumbrado a este aire y a esta altitud. Llegan a El Alto. Es la zona pobre de los emigrantes llegados del campo. Ya no hay rascacielos ni casas aristocráticas como en la capital, hay pobres casitas improvisadas y mal construidas, mucha pobreza. Mikil se baja de la bici y se sienta a descansar al borde del camino. Mira hacia abajo, mira hacia arriba: la ciudad de los pobres, la ciudad de los ricos... ¿Cómo es la ciudad de Tecla, cómo vive ella? Se levanta. Hay un grupo de niños indígenas que lo está mirando hacia arriba, como se mira a un árbol en el bosque. Dicen algo en una lengua desconocida y se ríen. Cuando Mikil se acerca a ellos para proponerles un paseo en bicicleta, se van corriendo.

Mikil y Frida deciden regresar, un poco tristes, y pasan

por la Calle Jaén, que parece la calle de un pueblo andaluz; a Mikil le recuerda su viaje por Andalucía, en España, el año pasado. La calle está llena de edificios coloniales con museos muy conocidos, como el Museo del Oro.

- Tenemos que volver mañana, Frida. Hoy es demasiado tarde –y regresan al hotel.

6

Pero Mikil nunca irá al Museo del Oro, porque las muchachas de la recepción le proponen para mañana una excursión al *Lago Titicaca*[22]. Está solamente a 70 kms de La Paz y es el lago más alto del mundo. Además, una de las muchachas, Candela, tiene su día libre y va a hacer de guía turística en la *flota*[23] que conduce su cuñado. ¡Mikil viajará gratis!

Único punto negro: Frida está enojada, porque se ha quedado sola en el hotel.

- Su presencia en el Titicaca es innecesaria –dice Candela.

Candela explica a los turistas de la flota (pero mirando únicamente a Mikil) que a orillas del lago hay una bahía, con una bella ciudad llamada *Copacabana*[24]. Dice después que es un lugar famoso porque las religiones indígenas y el catolicismo conviven, desde la llegada de los españoles, en el culto de la Vírgen de Candelaria, en una iglesia muy visitada. Sus fiestas populares, en febrero, son extraordinarias, añade Candela sonriendo a Mikil.

- Tiene que volver en febrero, señor.

El celular de Mikil suena cuando están bajando de la flota.

- Dios mío, he olvidado desconectarlo.

¿Por qué no me contestas? Estoy al borde de la depresión. Hilde.

- ¡No puede ser, no puede ser!
- ¿Mensaje interesante? –le pregunta Candela, mirándolo como se mira a un árbol– ¿Su prometida en Europa? ¿La dejó solita? Qué mal –y se va con el grupo de turistas.

El lago es realmente maravilloso. "Pobre Frida, tú no puedes verlo". Mikil piensa que Frida es la única que lo quiere sin plantearle problemas. La echa muchísimo de menos en este paisaje increíble del Titicaca.

A lo lejos, la Isla del Sol, con su Templo del sol, donde nacieron los primeros incas: Manco Capac y su hermana-esposa, Mama Ocllo.

Se acerca al grupo donde Candela está explicando:

- Esta planta que ven ustedes por todas partes se llama totora y tiene sus raíces bajo el agua. Cuando está seca, los campesinos hacen con ella puertas, ventanas, cestas, techos y sobre todo barcas o canoas para navegar sobre el lago...
Y en ese momento suena el celular; otro mensaje: *Soy Marijke. Cuéntame algo de tu viaje. ¿Quieres que organice un viaje para los 2 este invierno? Un beso.*

Candela lo mira severamente.

- Si alguien desea alquilar una barca, tienen una hora libre –le señala el lago y Mikil salta a una barca de remos hecha de totora, con una forma puntiaguda que recuerda los *zuecos*[25] holandeses. El barquero explica lentamente:
- En el Templo del sol hay una piedra en forma de puma que representa el lugar donde nació el sol.
- ¿De puma? –exclama asombrado Mikil, mientras el hombre continúa hablando.

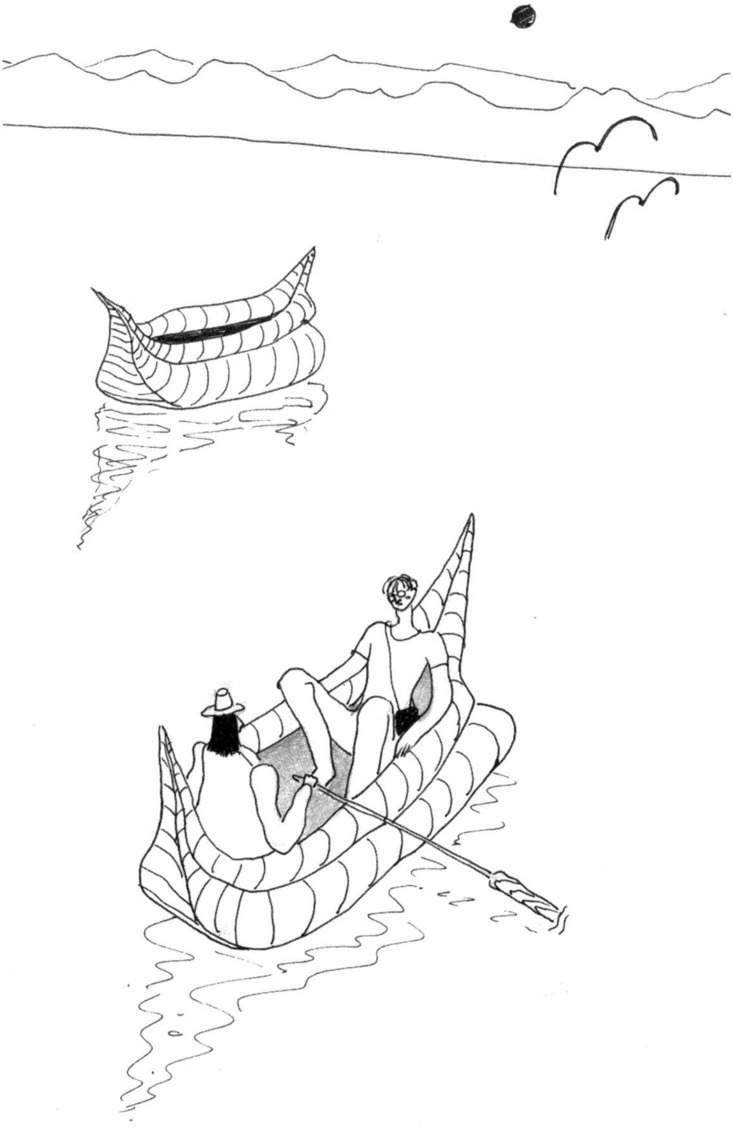

- Los hijos del sol son hermanos y esposos al mismo tiempo. No deben casarse con extranjeros. Hay un túnel bajo el agua que une el templo del sol con el templo de la luna, donde viven las mamacunas, sacerdotisas vírgenes. Muchas muchachas indígenas son como las sacerdotisas vírgenes, hay que dejarlas tranquilas... ¿comprende? –el hombre vuelve su cara hacia Mikil.

Mikil piensa: "¿dónde lo ha visto antes...? ¡Eduardo!".

- ¡No es posible! ¡Tú eres el primo de Tecla!
- Sí, soy el primo de Tecla, pero no me llamo Eduardo, soy Tupac Yupanqui, descendiente del Inca. Un día seré el esposo de Tecla, así que déjela tranquila.
- ¿Dónde está Tecla?
- Eso no le importa. Nunca más verá a Tecla. Hemos llegado al embarcadero. Baje de la barca y contemple el paisaje, tiene 15 minutos, le espero aquí para volver a la flota.

Mikil no comprende nada. Es el soroche, piensa, es el soroche. Y sube rápido por la ladera. Respira difícilmente... Frida, Frida... ¿Por qué estás tan lejos? Desde arriba, ve el Templo del Sol junto al agua y adivina la piedra del puma... ¿Qué significa el puma en esta historia?

El barquero lo espera inmóvil en su canoa. Mikil sube y el hombre rema muy silenciosamente, para no despertar a la diosa de las aguas. Titicaca, Titicaca... piensa Mikil: ¡La roca del puma, eso es! Eduardo parece adivinar sus pensamientos:

- El lago Titicaca tiene forma de puma, el puma es el animal sagrado de los incas. *Gringo*[26], vuelva para su país. Aquí no hay nada para usted.

Al bajar de la barca, camino del autobús, un nuevo mensaje: *Aquí hace un frío terrible. Disfruta del sol. Ojo con las mujeres, no hagas tonterías. Te quiero. Tu*

Mikil mira hacia el lago. Está demasiado poder tirar el celular. Hay muchos mestizos qu. chompas y prendas de lana de *alpaca*[27]. Todos l ..an hacia arriba, como a un árbol en un bosque.

- ¿No me compra nada, señor? Lleve un *recuerdito*[28] del Titicaca. Todo baratito.

Y Mikil compra unos guantes de alpaca para su abuela, que siempre tiene las manos frías y una linda chompa para su hermana Carla. Para él no encuentra ninguna, son todas demasiado pequeñas. Cuando llega a la flota, que está a punto de salir, mira sus compras más despacio y ve que todos los dibujos del tejido son lindos pumas negros.

- Qué obsesión –piensa.

La cholita a quien ha comprado los regalos llega corriendo a su ventanilla:

- Por favor, señor, ¿no quiere otra chompa para usted? Son tan calentitas en el invierno...

- No, muchas gracias, soy demasiado alto... No hay ninguna de mi talla.

- Se la hacemos pues. Mañana de mañanita la tiene en el hotel, señor.

- ¿Cómo que me la hacen? ¿A mi medida, para mañana?

- Pues claro, señor. No es usted el primero, tejemos toda la noche en mi casa con mi mamá y mis tías y mis hermanas y mis primas... Después, muy de mañana vamos a los hotcles. ¿Permite que le tome las medidas?

Sube rápida al autobús, que está a punto de arrancar, con una cinta métrica en la mano. Mikil se levanta y la cholita, subida en el asiento, le mide la cintura, el cuello, los

23

hombros, los larguísimos brazos...

- Ya puede sentarse, señor. Muchas gracias –y cuando está sentado, disimuladamente, acerca su boca a la oreja de Mikil:

- Tengo buenas noticias para usted. Mañana en el hotel a las 9.

Candela ha observado la escena sin perder detalle. Se sienta muy seria junto al conductor y no mira a Mikil en todo el viaje de vuelta.

Antes de volver al hotel, entra en un pequeño restaurante popular y pide un plato de papas con carne (las papas bolivianas, las mejores y con más variedades del mundo) y bebe un par de copas de vino de Tarija, un buen vino boliviano de las regiones del sur.

Quiere dar las buenas noches a Frida y entra en el pequeño cuarto de los equipajes donde la dejó anoche. El cuarto está completamente vacío. Frida no está, ha desaparecido.

Mikil corre a la recepción, las dos muchachas de ayer han desaparecido también. Hay un hombre gordo y bajito, como de cuarenta años.

- ¡Frida! ¿Dónde está Frida?
- ¿Perdón?
- ¡Mi bicicleta, una bicicleta alta y negra, con matrícula holandesa que dejé aquí anoche!
- Señor, yo anoche no estaba de servicio.
- Pero alguien debe ser responsable de lo que se deja en ese cuarto, ¿no? ¿Dónde están las señoritas de ayer?
- Huy... las señoritas de ayer... Bueno, Candela empieza hoy sus vacaciones y Tina está enferma, ha avisado su mamá...

Mikil está totalmente desesperado. No puede vivir sin Frida y este hombre no sabe nada.

- Quiero hablar con el director, con el gerente, con la policía, con...

- Cálmese, señor. ¿Quiere unas hojitas de *coca*[29] para tranquilizarse? Creo que tiene un problema de soroche, muchos turistas lo tienen, pero se va rapidito con la coca...

¿Qué puede hacer Mikil sino subir a su habitación y esperar el nuevo día? Pasa una noche horrible, porque como siempre que viaja al extranjero, la cama es demasiado pequeña y se le salen de ella por lo menos 20 cm de piernas y pies. Duerme mal, tiene pesadillas. A las dos de la mañana piensa que son las ocho de la tarde en Europa y envía un mensaje desde su celular: *Me han robado a Frida, abuela. ¿Qué hago? No puedo vivir sin ella... Estoy muy mal...*

Y media hora más tarde llega la respuesta: Ya te dije yo: *¡Cuidado con las mujeres! No pienses más en esa Frida. Aquí hay muchas chicas. Besos.*

Mikil tiene un insomnio total ("El soroche... –piensa– ¿para qué le va a explicar a su abuela que Frida es una bicicleta, su bicicleta?"). Apaga el celular, escucha un poco de música y son las seis de la mañana cuando por fin se duerme con los pies fríos, muy fríos.

7

A las nueve en punto suena el teléfono del hotel.

- Preguntan por usted, señor –le anuncia una voz de mujer.

- ¿Candela?

- No, no soy Candela, Candela está de vacaciones.
- ¿Tina?
- Tampoco; Tina está muy enferma. Hay aquí una serranita con un paquete.
- Está bien, puede subir.

Había olvidado completamente a la cholita. Se lava muy deprisa la cara, las manos y los dientes, se viste rápidamente y llaman a la puerta. La muchacha va vestida exactamente como Tecla aquella noche en Groningen: la pollera de colores, una blusa blanca, el sombrerito redondo y negro y dos largas trenzas oscuras, pero no es Tecla.

- Buenos días, señor.
- Puedes llamarme Mikil.
- Como quiera, señor Mikil.

Mikil se ríe. Nunca nadie le ha llamado señor. En su país la gente es mucho más directa y cuando estaba en España la gente también le tuteaba.

- ¿Cómo te llamas?
- Me llamo Isabel. Lo primero, aquí tiene su chompa, es un regalo de Tecla.
- ¿De Tecla? ¿Pero tú la conoces?
- Claro que la conozco. Es mi prima y Eduardo es mi primo también, y los hermanos de Tecla, y Candela... Tecla vive en un poblado indígena en el interior del país, pero en la época turística trabajamos en la zona del Titicaca, donde el señor Mikil estuvo ayer...
- ¿Y Tecla estaba allí?
- Claro. Todos pertenecemos a la misma comunidad indígena, vivimos de la artesanía y del turismo de las canoas.
- ¿Y Eduardo?
- Eduardo... Bueno, también trabaja cuando puede, pero

tiene la cabeza mal. Se cree que es el hijo del Inca y que debe casarse con su prima Tecla. Está enamorado de ella, por eso fue a Europa con el grupo, para vigilarla. Se hace llamar Tupac Yupanqui. No la deja *ni a sol ni a sombra*[30]... Se cree que desciende directamente de los primeros príncipes incas y le ha tatuado un puma en el tobillo a Tecla... Eso significa que cree que es suya para siempre.

- Pero, pero las mujeres son libres de escoger a sus compañeros...
- Bueno, no todo el mundo piensa igual, señor Mikil...
- Mikil, por favor.
- Mikil, nosotros pertenecemos a un *ayllu*[31], somos una comunidad indígena. Usted, necesita nuestra ayuda, pero nosotros también necesitamos la suya. Es estudiante de medicina, ¿verdad? Acá necesitamos enfermeros y médicos y también maestros para trabajar en nuestra escuelita... Teníamos a un *padrecito*[32] belga, que nos ayudaba mucho y era médico también. Pero se enfermó hace un año y se fue a su país y las cosas no andan bien... Tenemos un dispensario, pero ya nadie se ocupa de él... Yo sé dónde está Tecla y quién se robó su bicicleta y por qué Candela lo llevó al Titicaca... Sé muchas cosas, pero usted, señor..., perdón, Mikil, ¿no quiere ayudarnos?
- Claro que quiero pero estoy un poco sorprendido y tengo que pensar en todo esto con calma. Vamos a pedir el desayuno. ¿Quieres? Con el estómago vacío es difícil pensar.
- No se moleste, yo ya he almorzado de mañanita.
- No es molestia, Isabel. Por lo menos un café.

Llama por teléfono a recepción y pide:
- Por favor, dos cafés, dos *tojorís*[33] y pan con confitura

y mantequilla a la habitación 131.

- Le cuento, porque no tengo mucho tiempo –Isabel se sienta en una silla junto a la ventana. Mikil piensa que se parece mucho a Tecla–. La idea de robar la bici fue de Candela. Ella tiene las llaves del cuarto de los equipajes y nadie desconfía de ella en el hotel.

- ¿Pero por qué?

- Para obligarle a ir a buscar a Tecla, para recuperar su bicicleta. Candela está enamorada de Tupac Yu... Bueno, de Eduardo, y quiere ver a Tecla casada con otro, lejos de aquí. ¿Comprende?

- Más o menos... Qué complicado todo; qué complicadas las mujeres. En el fondo mi abuela tiene razón.

- ¿Su abuela, qué pasa con su abuelita?

- No, nada. Sigue, sigue.

- No son únicamente asuntos de mujeres. Tecla ha estado en Europa con su grupo musical y ha visto muchas cosas y desea un cambio en la situación económica y social de nuestra comunidad. Estamos muy lejos de todo y el gobierno nos olvida con frecuencia... Necesitamos sobre todo ayuda médica y formación tecnológica. Por eso Tecla aceptó el chantaje que proponía Candela, le devolvemos su bicicleta si viene a visitar nuestra comunidad y ver con sus ojos nuestros problemas.

- Pero... ¿cómo sabía Tecla que yo estaba en Bolivia?

- ¡Ah! Tecla habló con Candela de su viaje a Holanda y que conoció a un holandés muy simpático de 2m de alto, bien rubio, que tenía un apellido imposible de pronunciar, que hablaba muy bien español y que..., bueno, seguro que no hay muchos así, ¿no? La bicicleta la recuperará al término de este viaje, perdone las molestias.

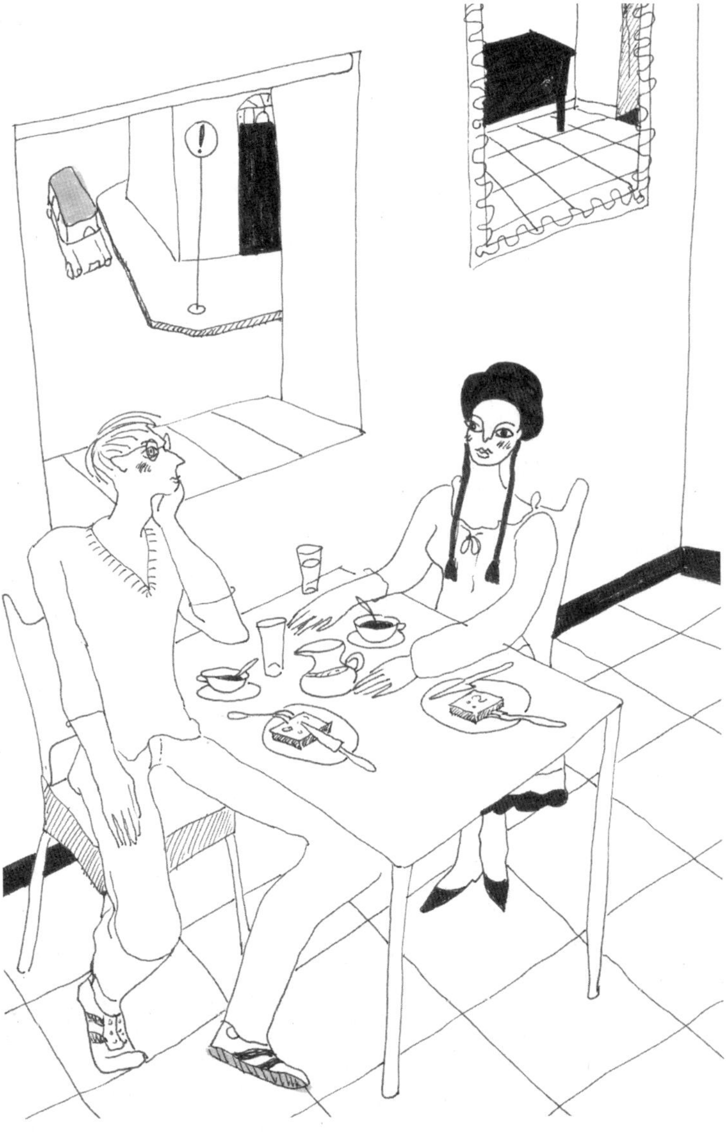

Isabel saca un complicado plano del bolsillo de su pollera. Llaman a la puerta y aparece Anselmo con la bandeja del desayuno, que deja encima de una mesa.

- Gracias, Anselmo.
- De nada–y sonríe a Isabel.
- También es tu primo, claro.
- También. Sigo: nuestro poblado está al final de la ruta del Takesis, a 70 km de La Paz. Es el llamado Camino del Inca, que lleva desde los Andes a la zona subtropical. Son tres días de viaje. Está todo muy bien explicado en ese papel. Ahora, me tengo que ir, el trabajo me espera. Adiosito, señor Mikil. Nos vemos.

Se bebe su vaso de tojorí y se va. Mikil se queda solo y muy sorprendido. Qué aventura. Está oyendo a su abuela: "Mucho cuidado con las mujeres, porque..." Y desconecta rápidamente el celular. En el fondo, la idea de un treking por un trayecto precolombino le encanta, y más aún la de encontrarse por fin con Tecla. ¡Ah, y recuperar a Frida! Mira su reloj. Son las diez menos cuarto de la mañana. Según el plano, el punto de partida es la Mina de San Francisco. Tiene el tiempo justo de recoger sus cosas, pagar el hotel y ponerse en marcha.

8

Antes de comenzar la ascensión de dos horas hasta la cumbre (4640 m), ha comprado algunas provisiones, porque Mikil siempre tiene hambre: *masita*[34], *marraquetas*[35], queso, fruta y *mate*[36]. A Mikil le gusta mucho caminar y le encanta la soledad de estas regiones inmensas. Sólo un par de veces se cruza con un grupo de indígenas que descien-

den a la mina. Las mujeres, muy jóvenes, casi niñas, llevan a sus bebés a la espalda en un tejido multicolor llamado *awayu*. Los pequeños van durmiendo casi siempre, a pesar de las dificultades del camino. Los hombres, campesinos, caminan delante. Todos vuelven la cabeza para mirar mejor a Mikil. Nunca han visto un hombre tan alto.
- Buenos días.
- Buenos días, señor.

En la cumbre hay una bellísima laguna con patos salvajes y cantidades de pájaros que Mikil no conoce. Se sienta en una roca para admirar el paisaje y empieza después la bajada hacia la aldea de Takesi, el primer lugar donde descansará. Ya es casi de noche y unos indígenas le alquilan una tienda para dormir. Un pescador está pescando truchas y su mujer le prepara una a Mikil con una deliciosa salsa picante a base de tomate y hierbas que se llama *llahua*[37], y bebe una garapiña, que es un refresco de maíz morado. Nunca ha dormido tan bien Mikil como esta noche a casi 5000 m de altitud, en su saco de dormir. Hay otras tiendas en el campamento: estudiantes bolivianos, algún japonés, dos chicas canadienses..., pero el silencio es absoluto y Mikil piensa que es casi imposible estar más cerca del cielo.

Al amanecer, lo despierta un extraño ruido, sale de la tienda y ve pasar una bandada de *loros*[38] de todos los colores. Es un espectáculo único y los fotografía varias veces con su cámara. Intenta hablar por teléfono con su abuela para contárselo, pero a esta altitud su móvil no tiene cobertura. Las chicas canadienses proponen té recién hecho a Mikil, que acepta encantado. Están muy bien organizadas y tienen un camping-gas para poder cocinar.

- ¿De dónde sois?
- De Toronto ¿Y tú?
- De Groningen, en los Países Bajos.
- ¿Estudias o trabajas?
- De momento, estudio medicina, pero quiero trabajar algún tiempo aquí, en una comunidad indígena de esta zona. Necesitan ayuda médica y tecnología. ¿Qué hacéis vosotras?
- Yo soy ingeniera agrícola y mi compañera es pedagoga. Déjanos tu dirección electrónica, podemos estar en contacto, porque también nos gustaría poder hacer algo útil aquí. Con las ONG no siempre es fácil poder colaborar, exigen demasiadas cosas.
- Tienes razón. Mira, aquí tengo una tarjeta con mi nombre, dirección, teléfono, correo electrónico...
- Yo no llevo tarjetas, pero os lo escribo todo aquí, en este papel ¿vale?

Y Mikil se despide de sus dos nuevas amigas que, por una vez, no lo han mirado como a un árbol en el bosque.
- ¡Nos vemos!
- ¡Nos vemos!

En su largo camino de subida hacia Aldea Chima, Mikil encuentra cascadas y torrentes. La flora es totalmente desconocida para él y saca fotografías de muchas plantas y flores. Desde Aldea Chima se ve toda la Cordillera y el paisaje es aún más bello. "Qué país, Bolivia", piensa Mikil. Después empieza la bajada hacia Kapaki, donde dormirá la segunda noche. Los campesinos le han vendido una bolsita con hojas de coca para combatir la fatiga y el soroche. Tiene que mezclarlas con lejía, un compuesto de cal que los indígenas utilizan para masticar la coca. El sabor no le parece agradable, pero poco tiempo después se encuentra mejor y con más energía.

- Ay, Dios mío, si se entera la abuela de que estoy masticando coca...

Y comprueba que su celular está bien apagado.

9

El clima de Kapaki es subtropical y la temperatura mucho más templada. Mikil pasa la segunda noche al aire libre, dentro de su saco de dormir, mirando las estrellas. No son las mismas estrellas que en Europa porque Bolivia está en el Hemisferio sur. Y busca en el firmamento la Cruz del Sur, que nunca había visto hasta ahora. Qué auténtico y puro es todo en la montaña.

Se levanta muy temprano y desayuna sus provisiones con gran apetito, aunque le falta el delicioso té de las chicas de Toronto. Hace una escalada larga y difícil hasta Yanacachi, un bello pueblito colonial a 2200 m. En sus calles sólo hay indígenas que lo miran asombrados. Hablan un idioma que Mikil no comprende... ¿*quechua, aimara*[39]? Pero en la pequeña pensión del pueblo, donde solo hay algunos hombres bebiendo, comprenden el español. Le sirven un plato de gallina con *mote*[40], unas *chirimoyas*[41] y un vaso lleno de un líquido desconocido.

- ¿Qué es esto?

- *Chicha*[42], señor. La hacemos nosotros mismos. Pruébela, es la mejor.

Mikil se bebe el vaso de un trago. "Dios mío, qué fuerte. Es alcohol puro...". Mikil se pone completamente rojo y tose, tose... Los hombres que están en las mesas se ríen como niños.

10

La última etapa es muy corta. El pueblito de Tecla está bastante cerca de Yanacachi, un poco más arriba, perdido en la montaña. Hay un sendero muy angosto, al borde de un precipicio. Mikil prefiere no mirar hacia abajo, por miedo al vértigo. Mira siempre hacia arriba, al cielo tan azul de Los Andes y a las cumbres nevadas que ve a lo lejos. Siempre la misma inmensidad, los horizontes lejanos, las llanuras infinitas... Mikil piensa que en este país tan grande viven la mitad de personas que en Holanda, donde el doble de habitantes viven en un territorio mínimo. Mira otra vez hacia arriba y ve el campanario de una pequeña iglesia colonial rodeada de un grupo de casas muy humildes... Una campana empieza a sonar y Mikil ve a un grupo de unas cuarenta personas que salen de las casas y empiezan a bajar por el sendero. "¿Qué pasará? –se pregunta– ¿Habrá fuego? ¿Estarán celebrando una fiesta?" Pero al final comprende que vienen a su encuentro... ¡Con Tecla a la cabeza!

Detrás de ella, un niño como de diez años lleva agarrada a... ¡Frida! ¡Es Frida! ¡Su Frida! Los dos amores de su vida juntos en las cumbres de Los Andes... Es demasiado. Quiere dar dos besos a Tecla, pero en la cultura aimara esto no sabe si se hace... Mikil acaricia con la mano el sillín de Frida, que parece reconocerlo. Tecla hace las presentaciones:

- Éste es Mikil, mi amigo de Holanda. Bienvenido, Mikil. Le presento al responsable del ayllu, a mi papá. Este muchacho es mi hermano Felipe, el más joven; a Hugo y a

Sergio ya los conoció en Holanda. Mi tío Ildefonso, mi tío Gumersindo, mis primos... Nuestro vecino Ezequiel y su hermano... –las mujeres se han quedado unos metros más atrás–. Mi mamá, mis hermanas Clara y Lina; doña Juana, nuestra vecina, su hermana Doña Filo, mis primas...

- Encantado... Mucho gusto... –repite Mikil.
- Bienvenido al ayllu, bienvenido, señor Mikil...–dicen los más jóvenes.
- Aquí tiene su bicicleta. Disculpe y... gracias por haber venido.

Toda la caravana, con Frida triunfante, se pone en marcha hacia la placita de la iglesia y entran en la Casa de reuniones. Una señora saca vasos y una jarra de chicha.

- Dice mi abuela que pruebe la chicha, la hacemos nosotros mismos. Es la mejor –le dice Tecla mientras la anciana llena los vasos de chicha.

Esta vez Mikil bebe poquito a poco y encuentra que la chicha es fuerte, pero deliciosa. Bajo su efecto, los ojos de Tecla son aún más negros y más grandes que antes, sus dientes más blancos, su sonrisa más perfecta, su manera de caminar más atractiva. "Oh, Tecla, merecía la pena toda esta aventura para encontrarte en estas soledades" –piensa Mikil.

- Mikil, tengo que hablar con usted –conduce a Mikil al exterior, se sienta con él en los escalones de la iglesia–. En este ayllu necesitamos algunas cosas muy concretas, Mikil, por eso pensé en usted cuando Candela me dijo que estaba en La Paz, porque sabía que estudia medicina... Mire, el Ministerio de Sanidad nos envió vacunas para los 15 niños de la comunidad, pero ninguno de los adultos sabe poner inyecciones, si esperamos mucho, van a caducar...

- Eso no es problema, Tecla. Yo puedo hacerlo hoy mismo.

- Lo sé, Mikil, pero el Ministerio de Sanidad solamente envía vacunas de vez en cuando y después nos olvida... Tenemos también varias mujeres embarazadas, que necesitan controles, análisis, tomar calcio, vitaminas y tantas cosas que aquí no llegan... Material médico de urgencia también nos falta, cuando hay fracturas y accidentes... Otro problema, la falta de anticonceptivos y de información. Aquí las muchachas se casan muy jóvenes y yo creo que tienen demasiados hijos. Necesitamos también agujas y jeringuillas, instrumentos para tomar la tensión, cosas esenciales... El dispensario está completamente vacío. Nosotros nos curamos desde siempre por la medicina tradicional, que es muy buena, pero ahora sé que hay también otros medios de curar y que los dos pueden convivir...

- Exactamente como las religiones y los humanos.

- Exactamente.

- Yo... Bueno, yo solo no puedo hacer gran cosa, pero sí puedo hablar con el director del hospital donde estudio y pedirle ayuda, él conoce a gente importante en el Ministerio... Podemos organizar envíos periódicos de material y de medicamentos. Yo puedo recibir el material aquí y organizar un poco el dispensario y... Bueno, médicos y enfermeras... seguramente encontraremos voluntarios para trabajar aquí algún tiempo. Voy a decir a mis compañeros de universidad que Bolivia es el país más bello del mundo y que tienen que conocerlo. Los estudiantes holandeses siempre están dispuestos a viajar lejos. También tengo otros contactos interesantes. En el primer

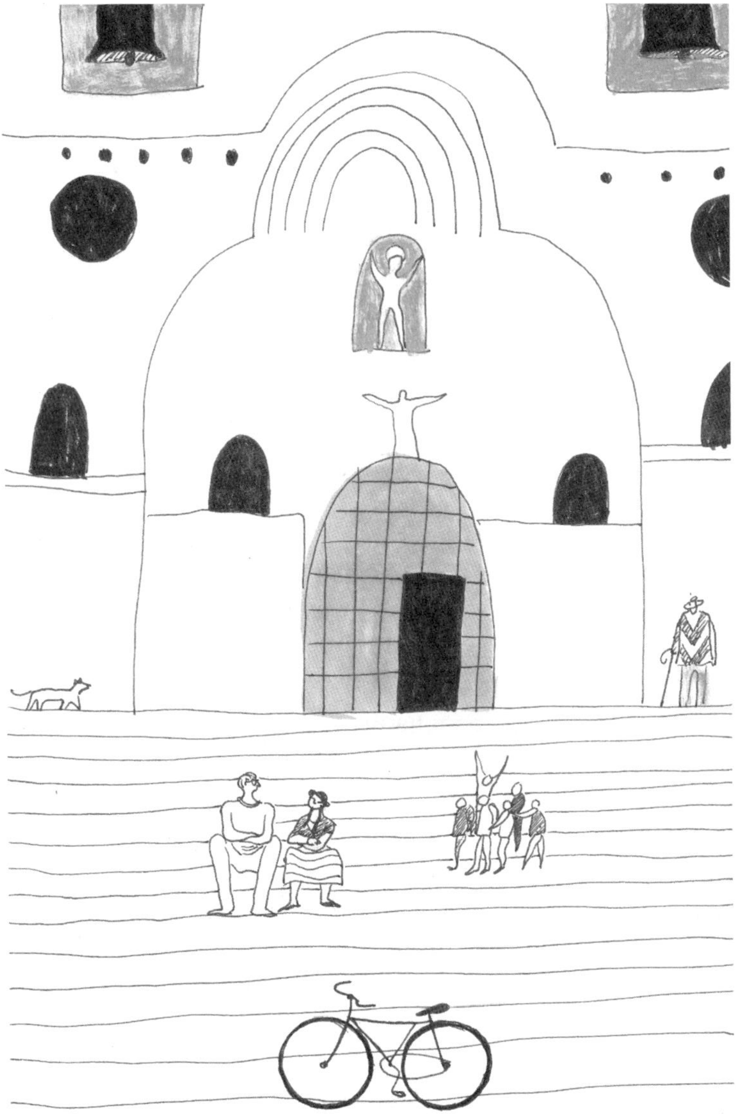

campamento hablé con dos canadienses que también desean colaborar, trabajan en los terrenos adecuados: la agricultura y la pedagogía; tengo su dirección y seguramente ellas también tienen contactos interesantes en Canadá. Además, es importante que sean mujeres.

- Precisamente, mis dos hermanas más jóvenes, Lina y Clara, quieren ser enfermeras, pero mi papá no las deja bajar a la ciudad... Dice que soy un mal ejemplo para ellas y que con una hija como yo, basta.

- ¿Y tú, cómo hiciste?

- Desde pequeña decidí estudiar y salir de aquí. Tuve muchos problemas, porque soy el *animalito raro*[43] del ayllu... Siempre que viajo es con mis hermanos y vigilada por Eduardo...

- Y Eduardo, ¿dónde está?

- Se quedó en el Titicaca con su canoa... pero tengo miedo de él, puede ser peligroso. No quiero casarme con él.

- ¿Con quién, entonces...?

- De momento, con nadie. Tengo que hacer muchas cosas antes de casarme, para mí y para mi gente. Tenemos que empezar a vivir de otra manera, sin necesidad de perder las tradiciones... sobre todo las mujeres. Tengo que terminar mis estudios en La Paz, ser maestra y ocuparme de los niños del ayllu, hablarles del mundo exterior, enseñarles que hay otras maneras de vivir y que hay personas diferentes de nosotros, pero tan respetables como nosotros, como usted, por ejemplo.

- ¡Claro! –Mikil se ríe.

- ¡No se ría! Usted sí parece un animalito raro, Mikil, con ese pelo rubio, esa piel tan blanca, esos ojos tan azu-

les... Mire, los niños le están mirando.
Efectivamente, los quince niños del ayllu están mirando a Mikil como a un extraterrestre desde la puerta de la Casa de Reuniones.
- Pregúntales si quieren dar una vuelta en bicicleta.
Tecla traduce a su idioma y los quince niños empiezan a saltar y a gritar. Tecla los pone en fila, los mayores primero, los pequeños después, con sus ojos negrísimos y sus caritas redondas y coloradas. Y por turno empiezan a montar en la paciente Frida, con Mikil de conductor.

11

Para volver a La Paz, después de una semana en Takira, Mikil no necesita tomar otra vez la larga y difícil ruta del Takesis. Hay un angosto camino que lleva a una pequeña carretera que conduce a la carretera general que va a la capital y por la que pasan las flotas. Todos sus nuevos amigos le dicen adiós desde lo alto y están seguros de que volverá. Tecla ha regresado al Titicaca para vender artesanía con sus hermanas y con otras muchachas, Hugo y Sergio volverán pronto a La Paz para seguir estudiando y a lo mejor intentan un nuevo viaje a Europa... Los hombres del ayllu no ven al joven gringo *con buenos ojos*[44], piensan que va a desestabilizar su sistema y que las ideas feministas de Tecla van a contagiar a todas las mujeres del grupo. Tecla piensa que Mikil le puede ayudar a cambiar algunas cosas, pero él solamente desea ayudar a las comunidades indígenas y estar cerca de Tecla para conocerla mejor, porque le gusta mucho. Frida y él pedalean camino de la parada del autobús que los conducirá a La Paz cuando un hombre, sentado al pie de un árbol en el camino, se pone bruscamente en pie. Lleva un poncho que lo cubre casi por completo y un gorro de lana que le tapa las orejas. ¡Es Eduardo!

- Disculpe, Mikil.

"Antes me decía gringo y ahora se disculpa –piensa Mikil– qué cambio".

- ¿Me puede llevar hasta el autobús? Yo también voy a La Paz y además deseo hablar con usted...

Mikil lo acepta en su bicicleta y Frida no protesta, pero ahora van un poco más despacio.

- Se trata de Tecla, claro, pero también de nuestra comunidad. Le han dicho que estoy loco... Bueno, todos estamos un poco locos, ¿cierto? Pero yo soy conservador y quiero conservar lo poco que tengo: mi tierra, mis costumbres, la muchacha que amo... Yo también he viajado a Europa: Países Bajos, Bélgica, Francia... Otros amigos han viajado a Estados Unidos, conozco a uno que fue a Japón... Y, bueno, en los países de ustedes todas las tradiciones desaparecen, todo se uniformiza, siempre imitan a los *Grandes Gringos*[45]: la comida, la música, la moda, los autos, la televisión... Creo que hay un nombre nuevo para esto... Globalización, mundialización, algo así... Poco a poco todos iguales. Todos ustedes se comunican en inglés, ven las mismas películas, comen la misma comida, viajan en los mismos autos, tienen los mismos muebles en las mismas casas y ven los mismos programas en la televisión. Me parece muy bien, es su problema; pero yo eso, aquí, en nuestras comunidades indígenas, no lo quiero. Nuestras tradiciones son hermosas, nuestro idioma y nuestras creencias también, nuestra manera de vestir y nuestra música...

La medicina indígena es respetada y apreciada también por gente de las ciudades. Queremos tener muchos hijos para no desaparecer y deseamos un mínimo de tecnología y de cultura occidental para vivir dignamente y poder comprenderles a ustedes. Nada más...

- Bueno, tú piensas así, pero Tecla no piensa así. ¿No crees que tiene derecho a pensar de otra forma?
- Las mujeres nunca están contentas.
- En mi país...
- Pero esto no es su país y no se puede vivir en la Cordillera de los Andes como en los Países Bajos.
- Pero Tecla...
- Ese es mi problema. Tecla nunca será mi esposa; piensa que estoy loco y... me detesta, porque mis ideas son muy diferentes de las suyas. Si ella prefiere vivir con usted, está en su derecho, pero entonces debe marcharse del ayllu.

Mikil no sabe qué decir, Tecla nunca ha manifestado el deseo de vivir con él... ¡Y él, él es un hombre libre! "Pobre Eduardo –piensa–, debe de estar muy mal". Frida, como siempre, viene en su ayuda y acelera. ¡La flota ya está en la parada!

- ¡Apúrate, Frida, que no llegamos!

En el autobús, Eduardo se sienta en la última fila, lejos de Mikil y no hablan en todo el viaje. Al llegar a La Paz, Mikil recupera su bicicleta y se despide de él.

- Adiós, Tupac Yupanqui, gracias por tu confianza. Voy a pensar en nuestra conversación.
- Que los dioses le protejan, Gringo.

12

Diez días más tarde, al bajar del avión en el aeropuerto de Schiphol, Mikil conecta su móvil: ocho mensajes de Hilde, cinco de Marijke, seis de la abuela... Qué mal empezamos. Y... ¡uno de Tecla!

- *Gracias. Ahora todo parece más fácil. Eduardo ha cambiado. Mikil, sé que volverá. Puede escribirme a esta correo electrónico, es del hotel. Besos. Tecla.*

Frida avanza triunfal por el tapiz automático, junto a la mochila de Mikil, que apaga su móvil, muy satisfecho. En primera fila de las personas que esperan a los viajeros, detrás de la puerta de cristales, una voz femenina grita:

- ¡Mikil, qué alegría, Mikil!

Es la abuela.

- Qué alegría, qué alegría, vienes solo, solito, ¡Qué bien!

- No vengo solo, abuela, me acompaña Frida...

Y la abuela se desmaya. Mikil aprovecha el momento para enviar un mensaje de respuesta a Tecla.

EPÍLOGO

Una ambulancia vino a recoger a la abuela, Mikil la siguió en bicicleta por las calles de Amsterdam hasta el hospital, pero en los atascos del tráfico se perdió la pista de los tres personajes. La autora está bastante desesperada y pide ayuda a los amables lectores para encontrar un final feliz para esta historia... Hay tres temas que le interesan muy especialmente:

1.- ¿Respetará Mikil el deseo de Eduardo y de los hombres del ayllu de continuar viviendo conforme a las tradiciones y conservando su identidad?

2.- ¿Decidirá Mikil mantener su promesa de ayuda a Tecla para modernizar la vida en el ayllu aportando material médico y colaboración sanitaria y tecnológica?

3.- ¿La relación de Tecla y Mikil evolucionará positivamente o se dejará Mikil seducir por sus admiradoras europeas y Tecla se casará muy joven con un muchacho de su comunidad?

Es muy probable que la imaginación de los alumnoslectores encuentre otras salidas posibles a esta historia inacabada, por lo cual la autora les da sus más calurosas gracias.

Verano 2001.

NOTAS EXPLICATIVAS

(1) **Llevar el compás.** Seguir el ritmo con movimientos del cuerpo.
(2) **Caer bien (o mal).** Sentir simpatía (o antipatía) por alguien.
(3) **Programa Erasmus.** Programa de intercambio para estudiantes universitarios de la Unión Europea, que les permite estudiar en otros países de La Unión y perfeccionar idiomas.
(4) **ONG.** Organización No Gubernamental (independiente del gobierno). Se debe pronunciar "oenegé".
(5) **Quena.** (del quechua[39]) Pequeña flauta india hecha de caña, hueso o barro.
(6) **Manta.** Prenda de vestir, cuadrada o rectangular, que se echa generalmente sobre los hombros. El tipo de manta indica la condición social de la mujer y si es casada o soltera.
(7) **Cholo/a (-ito, -ita).** Hombre y mujer indígenas que residen en la ciudad.
(8) **Altiplano.** Se llama altiplano en los países andinos a las llanuras o extensiones de tierras llanas a muchos metros de altitud.
(9) Mikil ha aprendido el español en Salamanca (España) y por eso usa el pronombre vosotros con su forma verbal correspondiente. Este pronombre no se usa en Latinoamérica; en su lugar se emplea ustedes (o usted en singular), en situaciones formales e informales, con su forma verbal de 3ª persona.
(10) **Vales un Potosí.** Potosí era un antiguo centro geográfico de una cuenca minera de plata, así que se convirtió en una ciudad mitológica por su riqueza. De ahí que ahora se utilice para expresar que algo o alguien vale muchísimo.
(11) **Bombín.** Sombrero hongo que llevan las mujeres aimaras. Según cómo se lleven colocado el sombrero, sabemos si la mujer es soltera o casada.

(12) Veáse la nota 9.
(13) **Al toque.** Expresión familiar boliviana que significa rápidamente, una vez allí, sobre la marcha.
(14) **Chompa.** En Bolivia, Perú, Paraguay y Uruguay, jersey.

Poncho. Capa hecha con lana de animales autóctonos de los Andes: la llama o la alpaca, que tiene en el centro una abertura para pasar la cabeza.
(15) **El Cóndor pasa.** Antigua y tradicional canción folklórica de los Andes que se considera uno de los hinmos nacionales andinos.
(16) **Chubasquero.** Chaqueta impermeable hecha de plástico o de tela muy ligera para protegerse de la lluvia.
(17) **Soroche.** Mal de altura que afecta a muchos turistas en los países andinos.
(18) **Móvil.** Teléfono portátil. En Latinoamérica se llama celular.
(19) **Churro.** En la lengua coloquial de Bolivia y de Perú. hermoso, guapo, bello.
(20) **Illimani.** Montaña emblemática, situada en el departamento de la Paz, muy cerca de la ciudad.
(21) **Barroco mestizo.** Es el arte barroco americano entre (1690 y 1780) que superpone el estilo barroco sobre estructuras del Renacimiento. Introduce elementos de la flora y fauna locales.
(22) **Titicaca.** El lago más alto del mundo, a 3810 m de altitud. Es un lugar sagrado para las culturas autóctonas. "Titi" es el nombre aimara de un felino mitológico, el puma, y "caca" en quechua significa roca, tierra.
(23) **Flota.** Nombre que se le da al autobús en Bolivia.

(24) **Copacabana.** La famosa playa brasileña tomó su nombre de esta bahía del lago Titicaca.

(25) **Zuecos.** Calzado de madera típico de los Países Bajos y de los campesinos de otros muchos países.

(26) **Gringo.** Nombre despectivo que se da en toda América Latina a los estadounidenses, y por extensión a los turistas europeos rubios.

(27) **Alpaca.** Mamífero de Perú y Bolivia, de la familia del camello, de lana muy apreciada.

(28) Los diminutivos terminados en **–ito, -ita,** son muy frecuentes en el español de América.

(29) **Coca.** Nombre en lengua aimara de un arbusto que produce hojas con las que se fabrica la cocaína. Ayuda a curar la fatiga, el soroche y ciertos dolores, como el dolor de cabeza, de muelas, etc. Su consumo es frecuente entre los indígenas de los Andes.

(30) **Ni a sol ni a sombra.** Expresión coloquial que equivale a "en ninguna circunstancia" o "jamás".

(31) **Ayllu.** (palabra aimara) Comunidad local de grupos unidos por parentesco que desarrollan un trabajo común y mantienen entre ellos vínculos económicos, religiosos y territoriales.

(32) **Padrecito** (diminutivo de Padre). Nombre afectuoso que se da en Latinoamérica a un sacerdote católico.

(33) **Tojorí.** Bebida de maíz y canela que se toma para desayunar.

(34) **Masitas.** Galletas o pastas dulces.

(35) **Marraquetas.** Panes de pequeño tamaño

(36) **Mate.** Infusión de yerba mate. Además, se llama también mate a la calabaza donde se coloca la yerba para beberla.

(37) **Llahua.** Salsa picante hecha de tomate, locoto (especie de pimiento) y quiquiña, una hierba aromática.
(38) **Loro.** Pájaro tropical de la familia del papagayo que imita la voz del hombre.
(39) **Quechua.** Más del 50% de la población de Bolivia es indígena, en su mayoría quechua o aimara. Muchas palabras de esta lengua han entrado en el castellano de América del Sur. Cerca del 30% de la población indígena que vive en la montaña no habla español.
(40) **Mote.** Maíz pelado y hervido que se sirve para acompañar muchos platos.
(41) **Chirimoya.** Fruta de piel verde y carne blanca, muy refrescante.
(42) **Chicha.** Bebida alcohólica de maíz fermentado.
(43) **Animalito raro.** Persona diferente de la norma habitual (en su comportamiento o aspecto).
(44) **Ver a alguien con buenos o malos ojos.** Expresión coloquial; tener o no tener confianza en alguien; juzgar bien o mal su conducta.
(45) **Grandes Gringos.** En este contexto, el modo de vida americano.

¿HAS COMPRENDIDO BIEN?

1. Responde a las siguientes preguntas.

- ¿De qué país son los músicos que están en la plaza de Groningen?..............
- ¿Cómo son físicamente los holandeses?..............
- ¿Qué está estudiando Tecla?..............
- ¿Por qué razón desea Mikil viajar a Bolivia?..............
....
- ¿Dónde lleva Tecla tatuado un animal?..............
- ¿Qué animal lleva tatuado Tecla?..............
- ¿Quién es Frida?..............

2. Di si son verdaderas o falsas las siguientes frases.   V   M

	V	M
La moneda usada en Bolivia es el peso boliviano.	☐	☐
En junio comienza la primavera en Bolivia.	☐	☐
Eduardo es el primo de Tecla.	☐	☐
Un bombín es una bomba pequeña.	☐	☐
La biblioteca de la Universidad de Groningen está abierta los domingos.	☐	☐
Frida es el nombre de la última novia de Mikil.	☐	☐

3. Termina las frases siguientes:

- ❏ A Eduardo no le cae bien Mikil porque..............
- ❏ Tecla explica a Mikil que en su país..............
- ❏ Mikil descubre que Frida..............
- ❏ A Mikil le encanta la chicha, pero..............
- ❏ Las turistas canadienses dan su dirección a Mikil para..............
- ❏ Mikil compra unos guantes para su abuela porque..............
- ❏ Marijke y Hilde tienen algo en común:..............

4. Marca con una cruz la respuesta correcta.

Bolivia se independizó de España:
- ❏ a finales del siglo XIX.
- ❏ a principios del siglo XX.
- ❏ a mediados del siglo XIX.

La economía boliviana está basada principalmente en:
- ❏ minas de diamantes.
- ❏ minas, petróleo y gas.
- ❏ turismo.

Además del español y del quechua, en Bolivia se habla:
- ❏ el guaraní.
- ❏ el aimara.
- ❏ el náhuatl.

El lago Titicaca se encuentra situado entre Bolivia y
- ❏ Brasil.
- ❏ Argentina.
- ❏ Perú.

5. Completa los espacios vacíos.

La abuela piensa que Frida .... una .... Aconseja .... Mikil que no piense más en ella. Mikil desconecta el .... porque está cansado; escucha un poco de .... y .... las seis de la mañana, ... fin se duerme. A las nueve .... punto .... el teléfono y oye una .... de mujer. Mikil cree que .... Candela, pero Candela .... de vacaciones. Tampoco .... Tina, porque Tina .... enferma.

6. En este grupo de palabras relacionadas con Bolivia hay un intruso. ¿Cuál?

- ☐ lago
- ☐ montaña
- ☐ inca
- ☐ mar
- ☐ altiplano
- ☐ soroche
- ☐ quena
- ☐ Bolivia

7. Si tuvieras que hacer un diccionario español, ¿cómo definirías brevemente las siguientes palabras?

    Quena. ....
    Cibercafé. ....
    Programa Erasmus. ....
    Puma. ....
    Bicicleta. ....
    Celular. ....
    Cordillera. ....

8. Relaciona las palabras de las dos columnas siguientes.

andes	móvil
falda	nieto
celular	soroche
abuela	llama
gringo	pollera
vacuna	EE UU
árbol	Sanidad
alpaca	bosque

9. Improvisa las preguntas que podrían generar estas respuestas.

❏ ¿..?
    Es de Groningen, una ciudad de los Países Bajos.

❏ ¿..?
    Porque no quiere oír más mensajes. No quiere problemas.

❏ ¿..?
    Es boliviana.

❏ ¿..?
    Su bicicleta.

❏ ¿..?
    Para poder ver a Tecla.

❏ ¿..?
    Con un profesor colombiano.

10. Combina los siguientes elementos, conjugando los verbos.

Mikil		muy alto.
Groningen		en los Países Bajos.
Potosí		una ciudad boliviana.
Mikil quiere	**SER**	médico.
Mikil sólo ha	**ESTAR**	una vez a España.
Tecla		en segundo de Magisterio.
Tecla nunca ha		en España.
Candela nunca		contenta.

11. Escribe los contrarios de los adjetivos siguientes.

- alto ....
- normal ....
- diferente ....
- morena ....
- lindo ....
- juntos ....
- triste ....

- pobre ....
- vacío ....
- delgada ....
- caliente ....
- divertido ....
- estúpido ....
- útil ....

12. Sustituye los elementos resaltados en negrita por los pronombres que tienes en la caja.

● las ● ella ● se ● la ● les ● lo ● le ● los

- Mikil explica sus planes **a los músicos**. .... explica sus planes.
- Mikil viaja con **Frida**. Viaja con ....
- Está preparando **el equipaje** para viajar. Está preparándo ....
- A Mikil le gustan **las chicas** morenas. ...... prefiere morenas.
- Isabel da una chompa **a Mikil**. .... da una chompa.
- Isabel da **una chompa a Mikil**. .... da.
- Mikil no puede llevar **a Frida** al Titicaca. No .... puede llevar.
- No puede meter **los zapatos** en la mochila. No puede meter ....
- Candela explica **el itinerario a los turistas**. .... explica.

13. Forma frases con el verbo *gustar*.

Niños *(gustar)* montar en bici.
Eduardo *(no gustar)* Mikil.
Hilde y Marijke *(gustar)* Mikil.
Nosotros *(no gustar)* esta historia.
Holandeses *(gustar)* los viajes.
Abuela *(gustar)* aventuras de Mikil.
Yo *(gustar)* viajar.

14. Completa el texto con las preposiciones adecuadas.

● con   ● para   ● por   ● en   ● de   ● a

Estamos .... junio. Mikil se interesa mucho .... América Latina y va .... clases nocturnas .... español. .... Holanda es normal hablar muchos idiomas, ... los holandeses les gusta mucho viajar. Mikil piensa ir .... Bolivia este verano. Mientras escucha la música, lleva el compás .... los pies. Mikil se acerca .... los músicos y les pregunta: "¿Cuándo volvéis .... Bolivia?", y ellos reponden: "Tenemos que ganar plata .... pagar la Universidad."

15. Conjuga los verbos entre paréntesis de las siguientes frases.

Mikil *(querer)* .... ayudar a los bolivianos.
Marijke *(sonreír)* .... a Mikil en el aeropuerto.
Ahuicha *(dormir)* .... en las aguas del Titicaca.
Mikil *(medir)* .... 1,98 m.
Yo *(salir)* .... mañana para Bolivia.
La abuela le dice a Mikil: *(divertirse, tú)* ....
Mikil y Frida *(dirigirse)* .... al centro de la ciudad.
Mikil nunca *(ver)* .... nada igual.
El hombre *(volver)* .... la cara hacia Mikil.
El hombre le ordena: *(bajar, usted)* .... de la barca y espere.

16. Completa los espacios con los interrogativos.

■ cuándo   ■ dónde   ■ quién   ■ cómo   ■ qué

Mikil no tiene ni idea de .... está Frida.
La abuela no sabe .... es Frida.
Mikil no comprende .... reaccionan algunos bolivianos.
Tecla se pregunta .... puede hacer para que las cosas cambien.
Mikil y Tecla no saben .... volverán a verse.
Mikil se pregunta .... ropa debe llevar a Bolivia.

17. ¿*Llevar* o *Tener*?

❏ Hilde .... el pelo rubio.
❏ Eduardo .... muchos veranos viajando por Europa.
❏ Casi todos los jóvenes .... pantalones vaqueros.
❏ Las cholitas .... polleras superpuestas.
❏ Tecla .... el pelo oscuro y .... trenzas.
❏ La abuela .... guantes porque siempre .... frío.
❏ Isabel .... la chompa al hotel de Mikil.
❏ Mikil .... varios años estudiando medicina.
❏ Los holandeses suelen .... los ojos claros.

18. Describe en estas líneas la Plaza de Groningen un sábado por la noche, en verano. Puedes utilizar, entre otras, las siguientes palabras: quena, tocar, cerveza, trenzas, junio, divertirse, altísimo, sed, lindo.

53

19. Describe ahora la plaza principal de tu ciudad, insistiendo en las diferencias con la anterior.

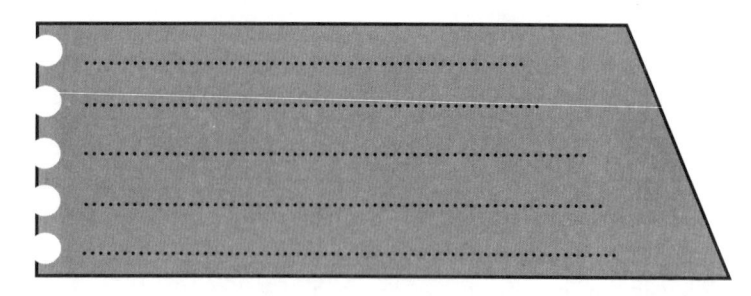

20. Después de haber leído este relato y si tienes acceso a Internet, busca información de cualquier tipo sobre Bolivia y escribe con tus propias palabras un resumen de unas cinco líneas.

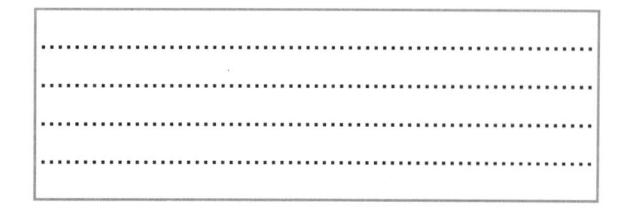

21. Escribe un e-mail a un amigo/a contándole que has pasado un mes en Bolivia y hablándole de los aspectos positivos y negativos de tu viaje. Dile que piensas volver el próximo verano.

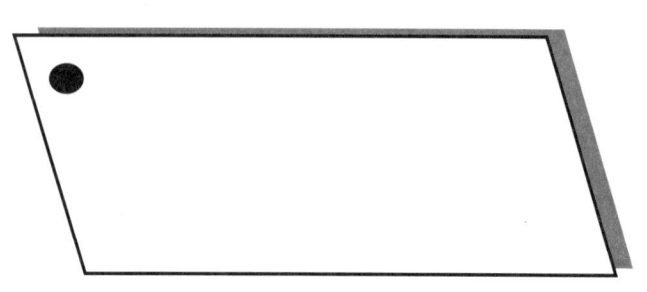

22. ¿Qué piensas sobre las siguientes cuestiones?

○ ¿Te parece más práctico ser ALTO o ser BAJO? Explica el porqué. ¿Qué tipo de problemas pueden tener los muy ALTOS? ¿Y los muy BAJOS?

○ ¿Se utiliza la bicicleta en tu país poco o mucho? ¿La utilizas tú en tu vida cotidiana? ¿Cuál es tu medio de transporte preferido en la ciudad?

○ ¿Crees que las medicinas tradicionales son más auténticas y eficaces que la medicina oficial occidental? ¿Conoces casos de gente que se ha curado por métodos orientales o tradicionales?

○ ¿Piensas que es fácil para una muchacha que vive en el contexto de Tecla estudiar y ser independiente? ¿Conoces casos como el de ella? ¿Propones soluciones?

○ Cuando viajas: ¿Viajas solo como Mikil? ¿Viajas con un grupo de amigos? ¿Con desconocidos en viajes organizados? ¿Prefieres acampar, ir a hoteles de lujo o a casa de amigos? ¿Qué tipo de países prefieres visitar? Explica el porqué de cada elección.